SCHIRMER'S LIBRARY
OF MUSICAL CLASSICS

Vol. LB1795

Claude Debussy

Suite
Pour le Piano

Edited by
Gaby Casadesus

ISBN 978-0-7935-5110-1

G. SCHIRMER, Inc.

DISTRIBUTED BY
HAL•LEONARD®
CORPORATION
7777 W. BLUEMOUND RD. P.O. BOX 13819 MILWAUKEE, WI 53213

FOREWORD

Ecrite à la fin du XIXè siècle, publiée en 1901 (chez Froment), "Pour le piano" est la première oeuvre importante de Calude Debussy pour cet instrument. C'est l'époque de "Pelléas et Mélisande". Leur auteur n'a pas 40 ans.

Les trois parties de cette Suite rappellent la forme d'une Sonate classique. Prélude, Sarabande et Toccata s'enchainent. Quatre mesures pleines de rythmes et d'entrain ouvrent le Prélude, amènent la superbe pédale de "la" qui donne la tonalité et enveloppe le thème doucement sonore dans une irrésistible ascension. Des accords éclatants mais toujours éloquents ressusciteront la phrase initiale. Une cadence en gammes telles des vibrations autour du "si" vient nous surprendre et nous éblouir avant une conclusion calmement triomphale.

Lente et grave, la Sarabande nous entraîne dans le mystérieux balancement de ses superbes accords. La danse chère à Debussy est ici merveilleusement expressive; moderne aussi avec son harmonisation en quintes et neuvièmes successives.

La Toccata passe par tous les émerveillements du bonheur. L'explosión des rythmes à deux temps témoigne de la jeunesse de son auteur. Son intense jubilation garde l'émotion chaleureuse qui habite toute la Suite.

"Pour le Piano," composed at the end of the 19th century, and published by Froment in 1901, is Debussy's first major piano work. The composer, not yet 40 years old, was also writing "Pelléas and Mélisande" at the time.

The three parts of this suite – Prelude, Sarabande, and Toccata – are reminiscent of the classic sonata form. The Prelude opens with four stirring and rhythmic measures, leading into the superb pedal note on "A" which sets the tone and supports the gently resonant theme in an irresistible upward movement. Vivid, yet always eloquent chords echo the initial phrase. A cadence of scales vibrating around "B" surprises and dazzles us before the calmly triumphant conclusion.

The listener is then carried away by the mysterious motion of the slow and solemn Sarabande, with its superb chords. This dance form was a favorite of Debussy's. In this piece, it is marvelously expressive, as well as modern, with its harmonization in successive fifths and ninths.

The Toccata takes us through the whole range of wonder and joy. The explosion of two-part rhythms bears witness to the composer's youthfulness. Its jubilant intensity maintains the warm emotion which pervades the entire suite.

Suite Pour le Piano
(Suite for Piano)

a Mademoiselle M. W. de Romily

1
Prelude

CLAUDE DEBUSSY
(1901)
Edited by Gaby Casadesus

Assez animé et très rythmé (Quite lively and very rhythmic)

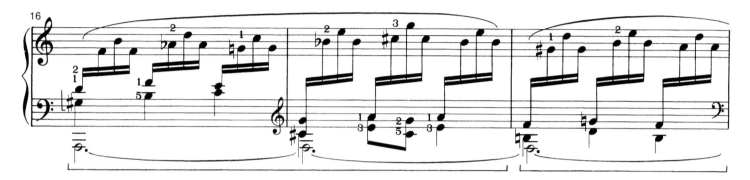

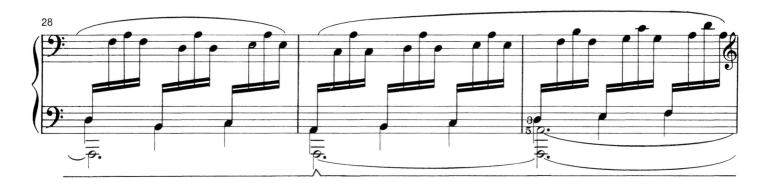

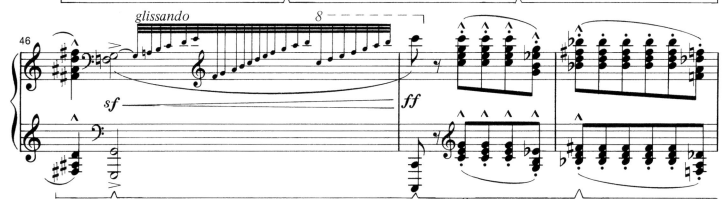

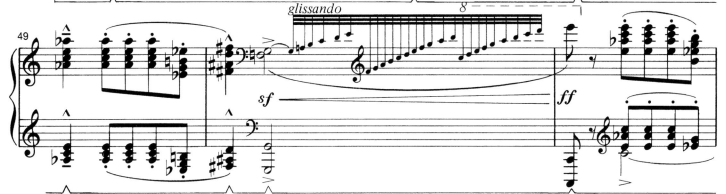

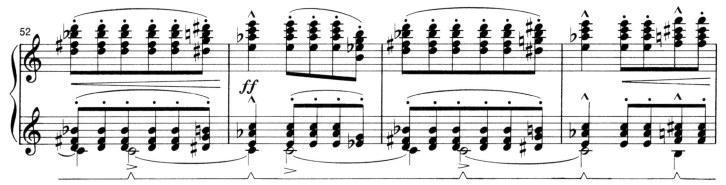

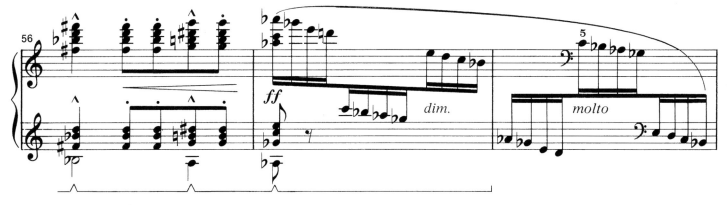

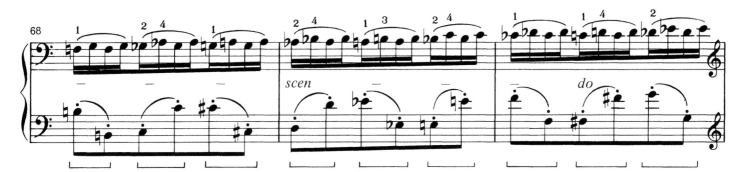

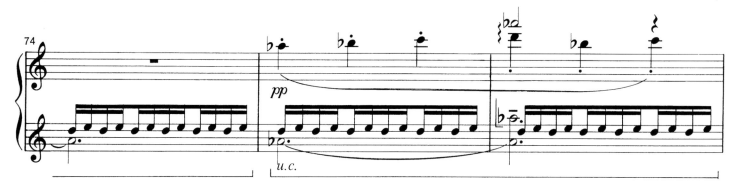

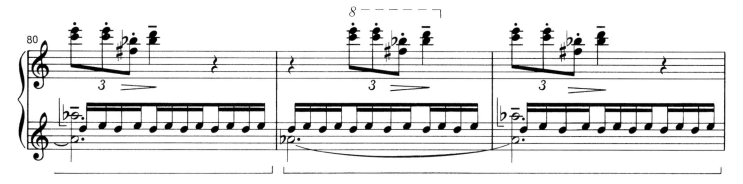

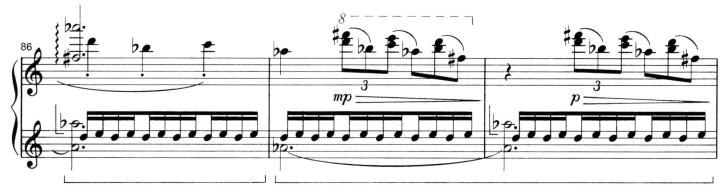

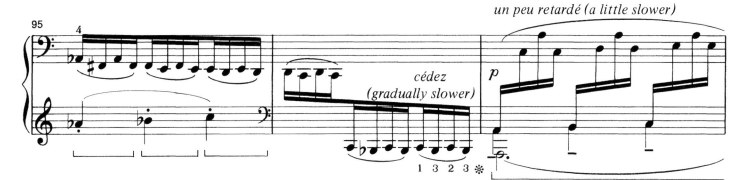

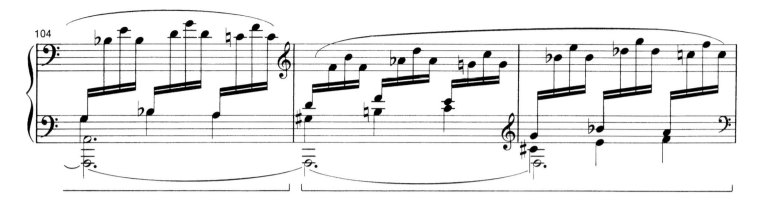

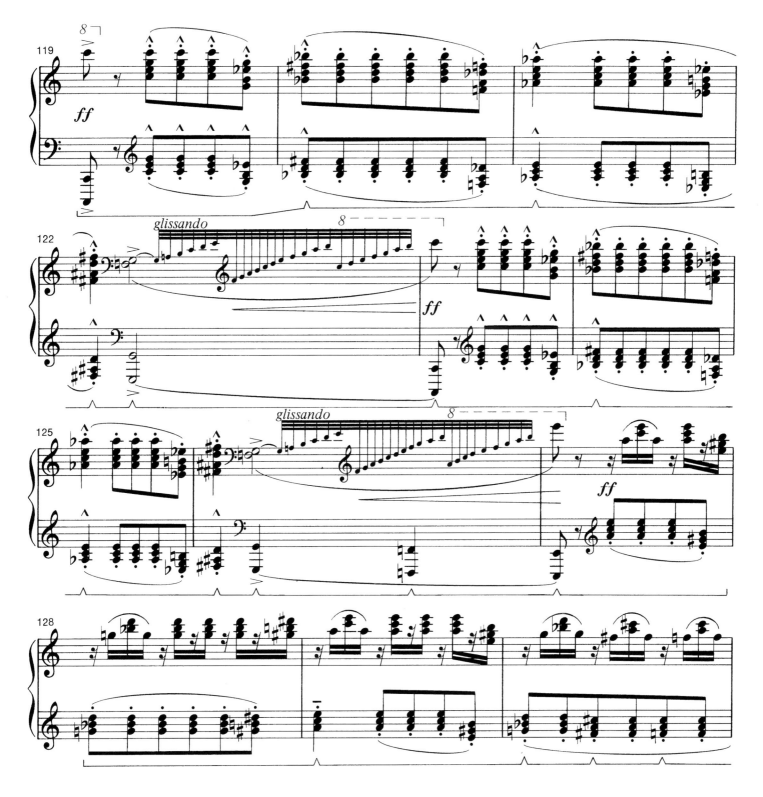

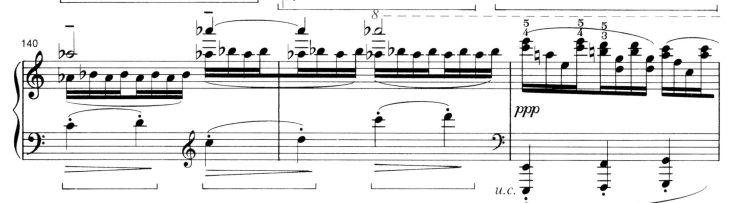

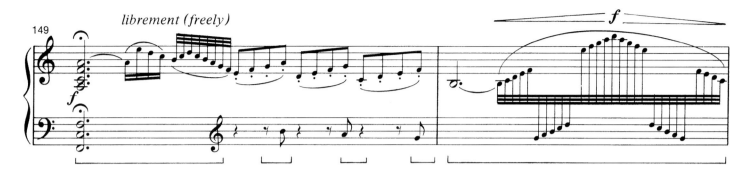

librement (freely)

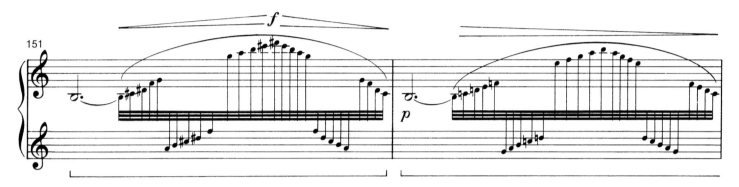

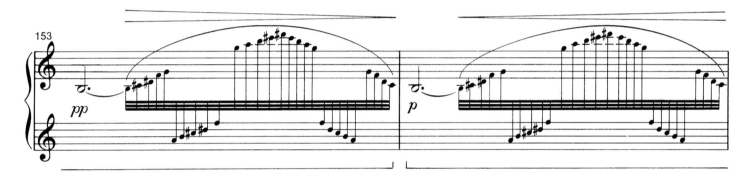

retenu (restrained)

Tempo I

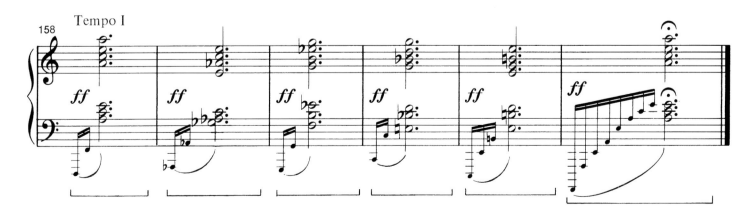

a Madame E. Rouart (nee Y. Lerolle)

2
Sarabande

Avec une elegance grave et lente (elegantly, solemnly and slowly)

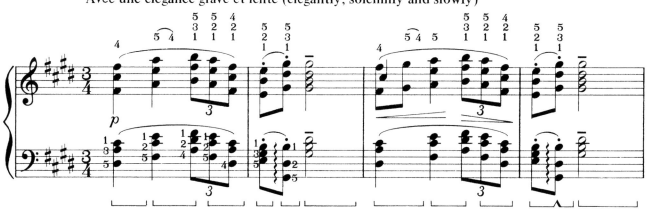

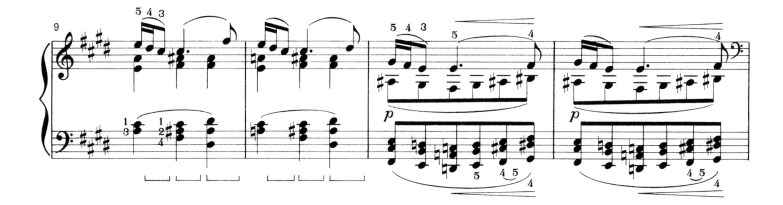

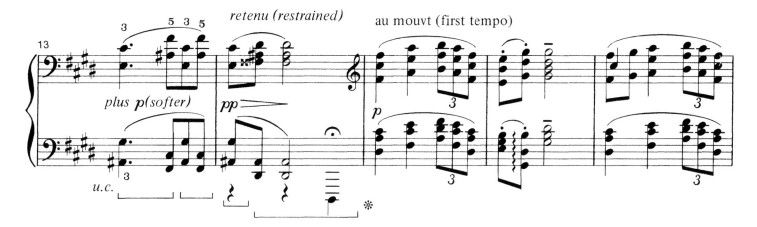

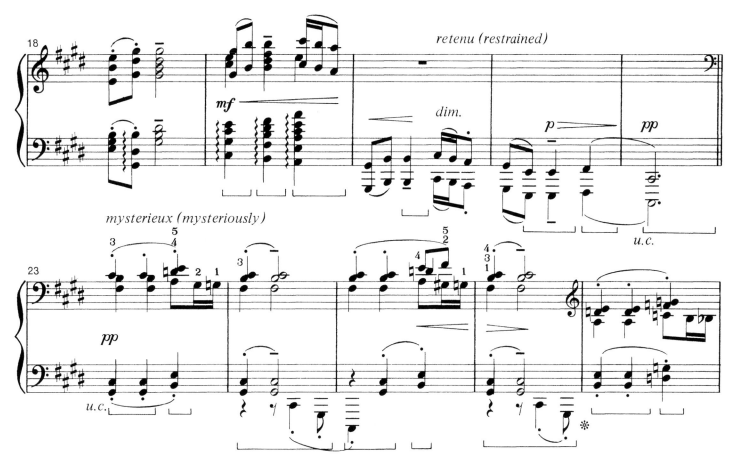

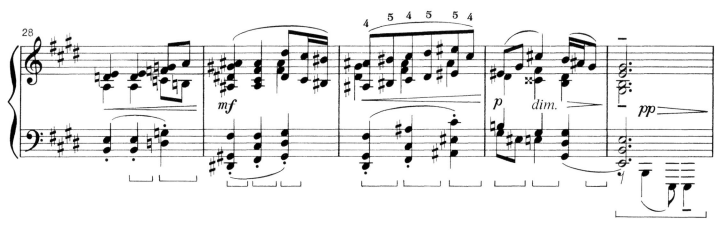

16

animez un peu (gradually faster)
très soutenu (very sustained)

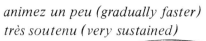

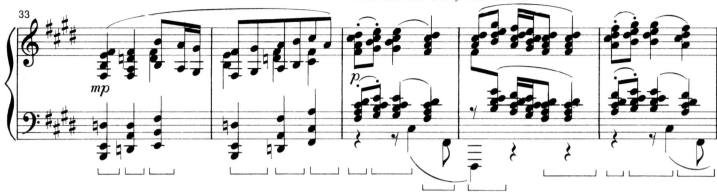

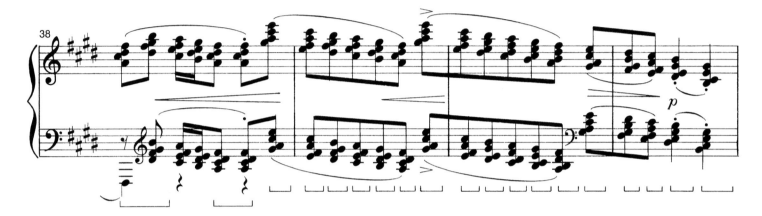

au mouvt (first tempo)

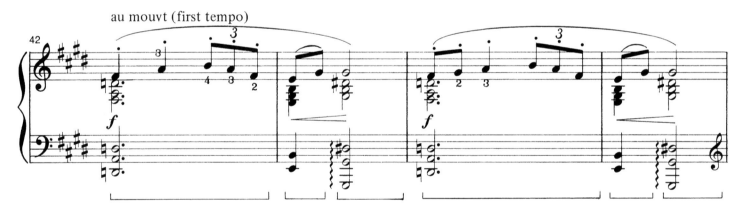

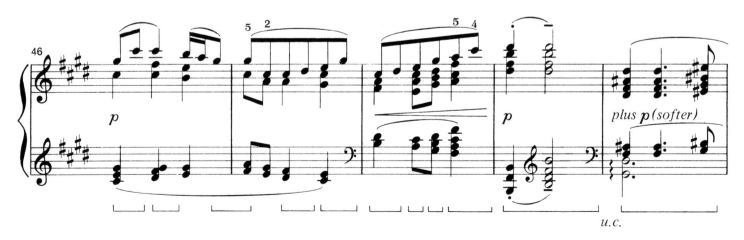

u.c.

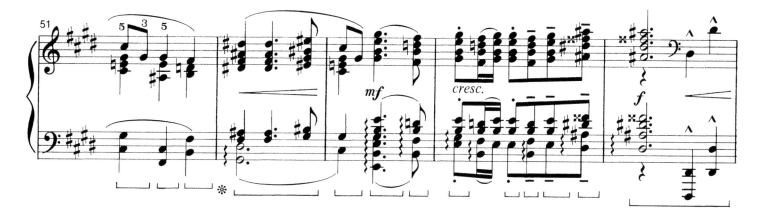

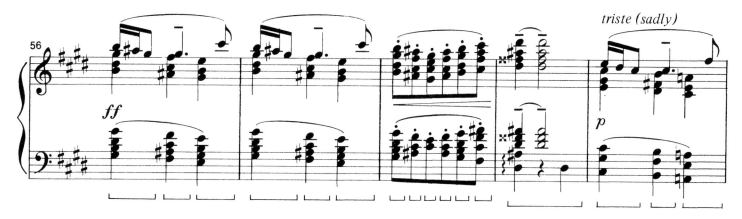

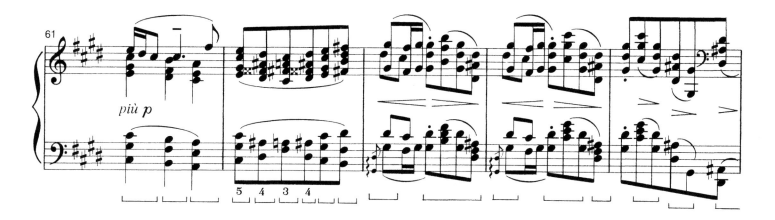

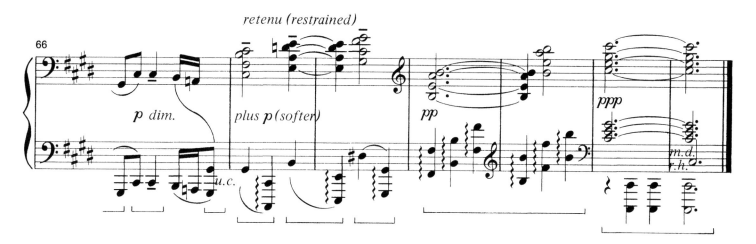

a N. G. Coronio

3
Toccata

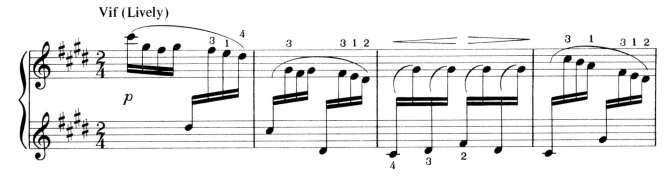

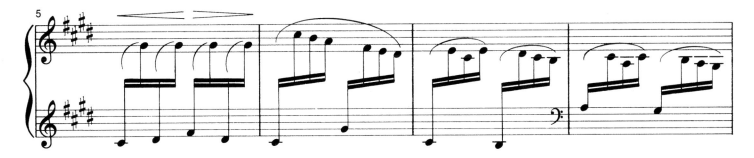

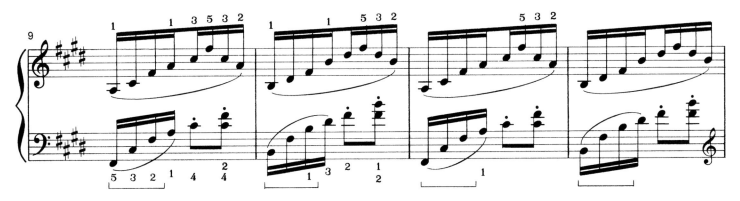

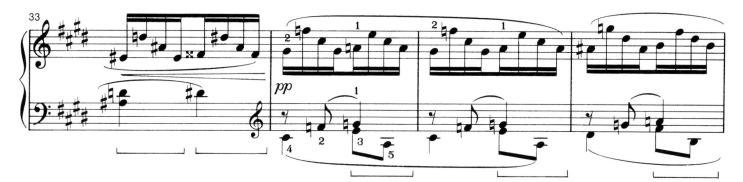

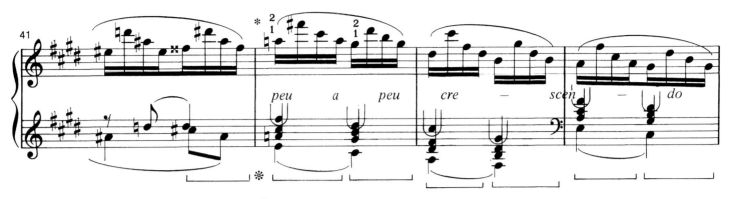

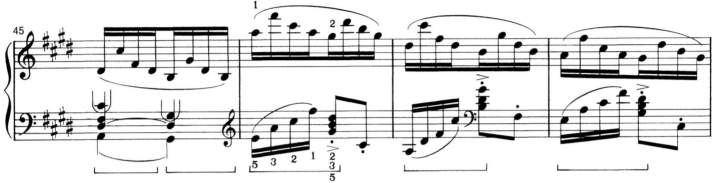

* arrangement pour petite mains (arrangement for small hands)

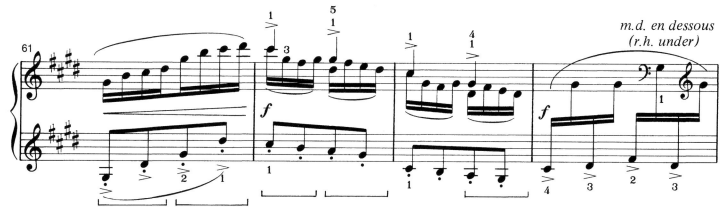

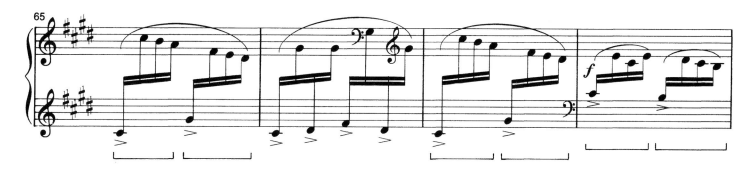

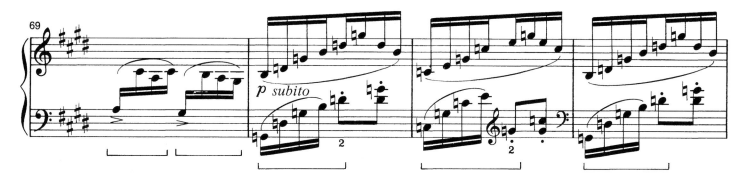

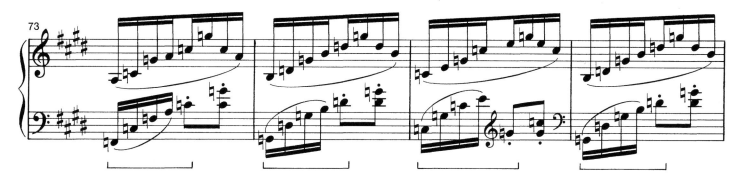

très léger (very light)

les notes marquées du signe — expressives et un peu en dehors (bring out the notes marked — with expression)

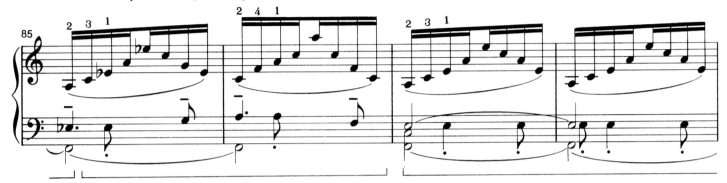

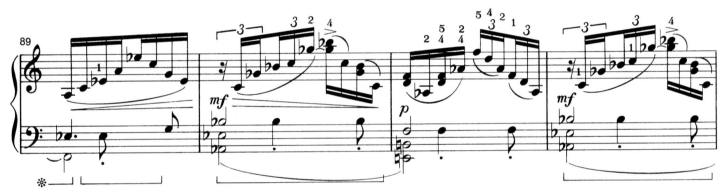

cédez (slower)

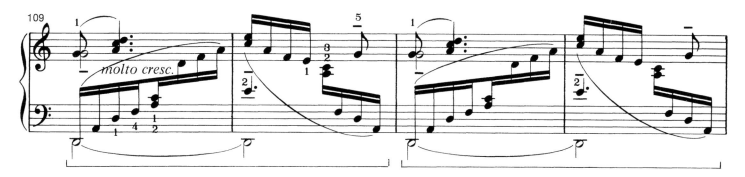

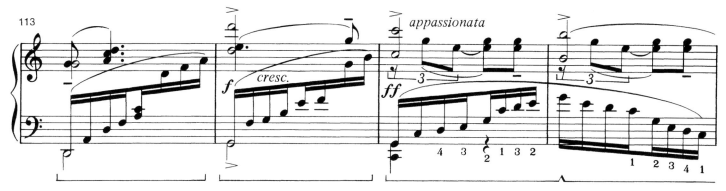

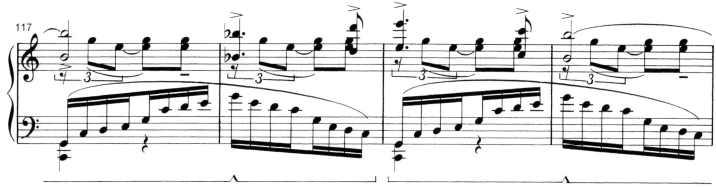

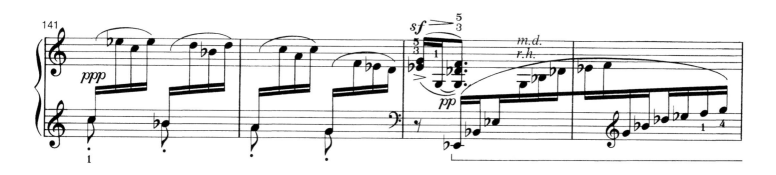

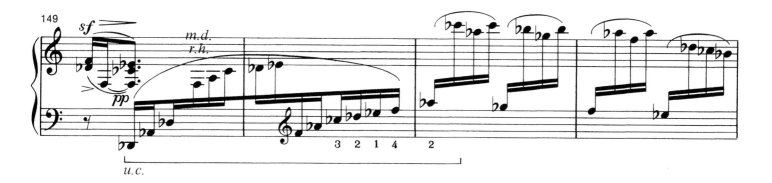

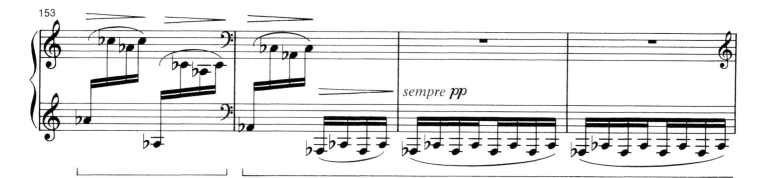

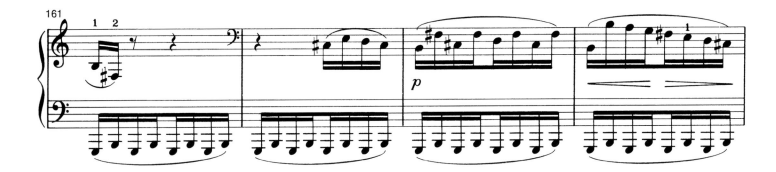

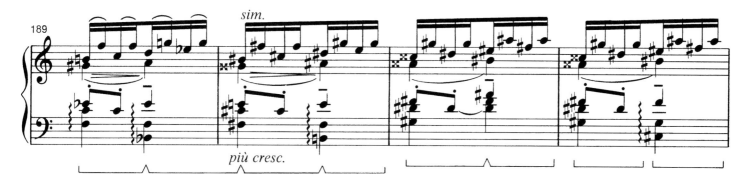

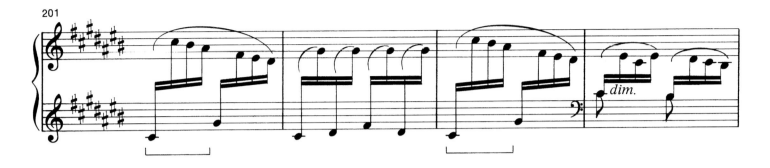

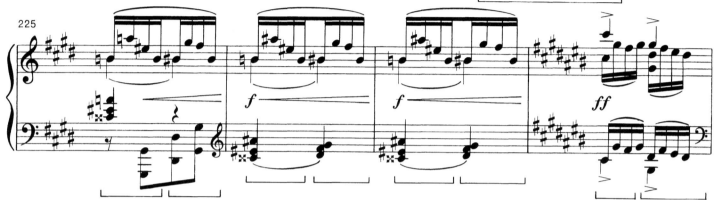

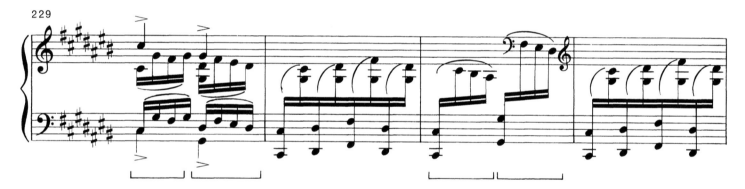

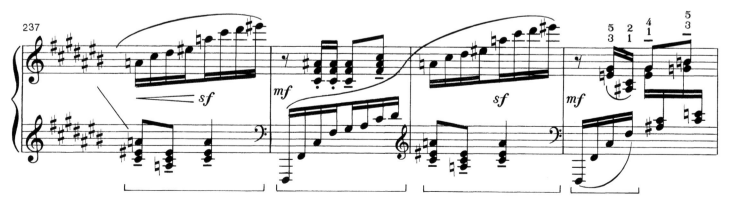